ANALIZA KSIĄŻKI

AF131745

Jedwab

• • • • • • • • • • • • • •

ALESSANDRO BARICCO

ANALIZA KSIĄŻKI

Napisany przez Catherine Bourguignon
Przetłumaczony przez Kâmil Kowalski

Jedwab

· · · · · · · · · · · · · · · · · · · ·

ALESSANDRO BARICCO

ALESSANDRO BARICCO

WŁOSKI PISARZ, KOMPOZYTOR, PRODUCENT I REŻYSER

- **Urodzony w Turynie w 1958 r.**

- **Godne uwagi prace:**

    ○ *Krainy szkła* (1991), powieść

    ○ *Novecento* (1994), powieść

    ○ *Jedwabne* (1996), powieść

Alessandro Baricco to włoski pisarz, kompozytor, producent i reżyser, urodził się w Turynie w 1958 roku. Jego pierwsza powieść, *Land of Glass* (wydana po włosku w 1991 roku), otrzymała w 1995 roku francuską *Prix Médicis étranger*. W 1994 roku opublikował *Novecento*, monolog teatralny. Dwa lata później, dzięki powieści Jedwab, stał się jednym z głównych pisarzy nowego pokolenia. Obecnie współpracuje z włoskim dziennikiem *La Repubblica* i uczy w Scuola Holden, szkole technik narracyjnych, którą założył wraz z przyjaciółmi.

JEDWAB

HISTORIA MIŁOSNA OWIANA TAJEMNICĄ

- **Gatunek:** powieść

- **Wydanie referencyjne:** Baricco, A. (2006) *Jedwabne*. Trans. Goldstein, A. Edinburgh: Canongate.

- **Pierwsze wydanie:** 1996

- **Tematyka:** hodowla jedwabników, podróże, Japonia, tajemnica, miłość, nostalgia

Jedwab (po włosku *Seta*) to trzecia powieść Alessandro Baricco. Została opublikowana w 1996 roku i niemal od razu stała się bestsellerem we Włoszech, gdzie do dziś sprzedała się w ponad 300 000 egzemplarzy. Została przetłumaczona na 27 języków, a po raz pierwszy ukazała się po angielsku w 1997 roku, a drugie tłumaczenie autorstwa Ann Goldstein ukazało się w 2006 roku.

Historia zanurza czytelnika w sercu handlu jedwabnikami w 19th wieku: po epidemii, która zaraża jedwabniki w całej Europie, Hervé Joncour podejmuje cztery podróże do Japonii, aby kupić zdrowe jaja i umożliwić swojej wiosce kontynuację handlu jedwabiem. Te podróże prowadzą go ku dziwnemu, romantycznemu przeznaczeniu. Baricco daje nam dzieło, które jest całe w ciszy, powściągliwości i wyrafinowaniu, naznaczone bardzo charakterystycznym stylem pisania. Książka jest podobna do życia jej bohatera: "spektakl. Lekki i niewytłumaczalny" (s. 136).

STRESZCZENIE

W 1861 roku Hervé Joncour ma 32 lata i mieszka w Lavilledieu, w regionie Midi we Francji, ze swoją żoną Hélène. Jego zawód jest nietypowy: kupuje i sprzedaje jaja jedwabników. W tym celu co roku wyjeżdża na kilka miesięcy do Egiptu i Syrii i wraca z towarem; przez resztę czasu odpoczywa. Jednak tego roku na całym świecie wybucha epidemia pébrine (choroby jedwabników wywołanej przez grzyb) i wszystkie jaja jedwabników zostają zainfekowane. Baldabiou, człowiek, który założył hodowlę jedwabników w Lavilledieu i zbudował pierwszą przędzalnię, proponuje rozwiązanie: wyjazd do Japonii. Wyspa od dawna jest zamknięta dla obcokrajowców, co według niego gwarantuje, że epidemia tam nie dotarła. Hodowcy jedwabników decydują się więc wysłać Hervé Joncoura do Japonii. Wyjeżdża on 6 października.

Po długiej podróży dociera do kraju i próbuje kupić jaja jedwabników, ale dostaje rybią ikrę, co od razu zauważa. Gdy odchodzi, jeden z mieszkańców zaczepia go i mówi mu, że Hara Kei, szlachcic z wioski, chce się z nim widzieć. W towarzystwie tajemniczej młodej dziewczyny Hara Kei przyjmuje Hervé Joncoura i pyta go, kim jest. Francuz opowiada mu następnie historię swojego życia, niemniej jednak jest nieco zaniepokojony młodą dziewczyną, której tożsamości Hara Kei nie chce mu wyjawić: "to, co zobaczył, nie zatrzymując się, to fakt, że te oczy nie miały orientalnego kształtu i że były wpatrzone, z niepokojącą intensywnością, w niego" (s. 30). Nie wie jeszcze, że całe jego życie będzie naznaczone nostalgicznym wspomnieniem tej nieznanej dziewczyny.

Gdy kończy opowiadać, Hara Kei mówi mu, że sprzedano mu rybie jaja, ale teraz może mieć to, czego chce. Z prawdziwymi jajami jedwabników, Hervé Joncour wraca i przybywa do Lavilledieu pierwszego dnia kwietnia. Przywiezione przez niego jaja są zdrowe, co umożliwia bardzo dobrą produkcję jedwabiu w tym roku.

W następnym roku, podczas kolejnej podróży do Japonii, hodowca jedwabników kąpał się pewnego dnia, kiedy zamiast starych kobiet, które zwykle go myły, przyszła młoda dziewczyna. Zawiązuje mu oczy, muska dłonią usta i daje kartkę z kilkoma ideogramami narysowanymi czarnym tuszem. Wiadomość ta niepokoi go, zwłaszcza gdy wraca do Lavilledieu i poznaje jej znaczenie dzięki Madame Blanche, Japonce mieszkającej w Nîmes: "Wróć, albo umrę" (s. 58).

Po powrocie do Francji próbuje wrócić do normalnego życia, ale nie może się powstrzymać od myślenia o młodej dziewczynie, którą poznał w Japonii. Jednak po raz pierwszy Hervé Joncour zabiera swoją żonę Hélène na wakacje do Nicei i mówi jej, że zawsze będzie ją kochał.

Pomimo zbliżającej się wojny domowej w Japonii, Baldabiou prosi Hervé Joncoura, aby tam wrócił. Hervé Joncour wyjeżdża więc na początku października. Kiedy przybywa do Hara Kei, znajduje młodą dziewczynę przed wolierą. Wita go po francusku, podczas gdy szlachcic mówi mu, że ona nie rozumie tego języka. Pewnego wieczoru, gdy po przyjęciu wraca do swojej kwatery, Hervé Joncour spotyka ją w towarzystwie orientalnej kobiety. Ona kładzie jego rękę na dłoni drugiej kobiety i ucieka, pozostawiając ich, by dzielili noc pełną namiętności. Następnego dnia Hara Kei zniknął i nikt z jego służących nie wie, kiedy wróci. Hervé Joncour czeka jeszcze dwa dni, po czym opuszcza wioskę i wraca do Lavilledieu, by zobaczyć się z żoną. Po dotarciu na miejsce choruje i pilnuje się, by nikogo nie widzieć. Od lipca do września wyjeżdża z żoną do Nicei.

Rok później w Japonii wybucha wojna. Niespodziewanie, Hervé Joncour sprzeciwia się opinii Baldabiou i nalega, by pojechać tam mimo wszystko. Baldabiou pyta Hervé Joncoura o jego prawdziwy powód, dla którego chce wyruszyć w podróż, a Hervé Joncour mówi mu wszystko. Nie zapomniał o młodej dziewczynie. Jest to szczególny rodzaj cierpienia: nostalgia za czymś, czego nie doświadczył, bo nigdy nie słyszał jej głosu. Hélène, która rozumie, że to jej mąż koniecznie chce wrócić do Japonii, każe mu obiecać, że wróci.

Kiedy Hervé Joncour przybywa do wioski Hara Kei, zastaje miejsce zdewastowane. Jedyną osobą, którą spotyka jest młody chłopiec, który po kilku bezsłownych dniach wędrówki prowadzi go do mieszkańców wioski, którzy uciekają w długim orszaku. Hara Kei nie cieszy się jednak na widok Hervé Joncoura i nakazuje mu odejść. Francuz nie widzi młodej dziewczyny, ale domyśla się, że znajduje się ona w fotelu sedanowym ozdobionym klatkami z ptakami. Rano znajduje swojego przewodnika martwego. Hara Kei grozi mu bronią i wyjaśnia, że chłopak został zabity, ponieważ niósł, a raczej sam był, przesłanie miłości, co w Japonii jest jednym z dwunastu przestępstw, za które człowiek może zostać skazany na śmierć. Nakazuje Hervé Joncourowi, by nigdy nie wracał.

Hervé Joncourowi udaje się kupić jajka jedwabników, ale giną zanim dociera do Lavilledieu. Następnie, aby dać wiosce pracę mimo braku jaj, a tym samym jedwabiu, przyjmuje wszystkich mężczyzn na cztery miesiące do pracy w parku wokół swojego domu.

Pół roku później otrzymuje list w języku japońskim, który spieszy przetłumaczyć Madame Blanche. Jest najwyraźniej przekonany, że przysłała go młoda dziewczyna, którą poznał w Japonii. W rzeczywistości jednak list został wysłany przez jego żonę, której Madame Blanche pomogła przetłumaczyć go na język japoński. Jest to list miłosny i pożegnalny. Po tym wydarzeniu Hervé Joncour nadal żyje spokojnie ze swoją żoną. Teraz co roku wybierają się w małą podróż. W marcu 1874 roku Hélène umiera. Odwiedzając jej grób, Hervé Joncour znajduje pierścień z niebieskimi kwiatami, podobny do tego, który nosiła Madame Blanche. Idzie do niej i wtedy rozumie, że to Hélène napisała do niego list.

Hervé Joncour żyje kolejne 23 lata nie opuszczając Lavilledieu i poświęca cały swój czas na utrzymanie swojego parku.

STUDIUM POSTACI

HERVÉ JONCOUR

Na początku opowieści ma 32 lata. Jest głównym bohaterem powieści. Mieszka w Lavilledieu, w regionie Midi we Francji, ze swoją żoną Hélène. Nie mają dzieci. Nie są ani szczęśliwi, ani nieszczęśliwi. Przedstawiony jest jako człowiek spokojny, obojętny i bierny: "Był poza tym jednym z tych mężczyzn, którzy lubią być *świadkami* własnego życia, uważając za niestosowne wszelkie ambicje, by je przeżyć" (s. 7). Pozwala się prowadzić Baldabiou, który dyktuje mu jego życiowe wybory: zawód i wyjazd do Japonii. Tylko przy jednej okazji naprawdę się upiera: nalega na wyjazd do Japonii po wybuchu wojny.

W Japonii Hervé Joncour spotyka tajemniczą młodą dziewczynę. Zaniepokojony jej spojrzeniem, zakochuje się w niej, nie wiedząc o niej prawie nic. Po powrocie z podróży rozsądnie stara się wrócić do normalnego życia, ale nie może zapomnieć o młodej dziewczynie i jej tajemnicach. Jest to miłość, która rodzi w nim cierpienie: odczuwa nostalgię za czymś, czego nie poznał do końca w rzeczywistości.

HÉLÈNE

Hélène jest żoną Hervé Joncoura. "Była wysoką kobietą, poruszała się powoli, miała długie czarne włosy, których nigdy nie związywała. Miała piękny głos" (s. 23).

Z tej nieco niepozornej postaci wyłania się wielka łagodność i głęboka pokora: za każdym razem, gdy wraca jej mąż, wita go z niezwykłą czułością, zmuszając się, by nie płakać mimo zmartwień. List, który wysyła do Hervé Joncoura, jest wielkim dowodem jej miłości. W końcu to ona jest w pewnym sensie kluczem do tej historii.

Jest też bardzo przywiązana do Baldabiou: normalnie tak powściągliwa, płacze, gdy ten opuszcza wioskę.

BALDABIOU

Baldabiou jest przedstawiony niejako jako mędrzec wioski: wie wszystko ("Baldabiou znał wszystkie te historie", s. 21). To dzięki niemu Lavilledieu stało się ważnym ośrodkiem produkcji jedwabiu. Odgrywa też dużą rolę w życiu Hervé Joncoura: zachęcał go do zajęcia się handlem, podczas gdy ojciec chciał, by poświęcił się wielkiej karierze wojskowej (gdy ojciec Hervé Joncoura mówi "Mój syn Hervé, który za dwa dni wróci do Paryża, gdzie czeka go błyskotliwa kariera w naszej armii, Bóg i św. Agnieszka zechcą", Baldabiou odpowiada "Właśnie. Tylko że Bóg jest zajęty gdzie indziej, a św. Agnieszka brzydzi się żołnierzami", s. 14). To on również wysyła Hervé Joncoura do Japonii. Futhermore, Hervé Joncour wydaje się zawsze stosować do jego rad: "pozwalał temu człowiekowi metodycznie przepisywać swoje przeznaczenie" (s. 17). Jest tylko jeden wyjątek: kiedy w Japonii wybucha wojna i Baldabiou chce powstrzymać Hervé Joncoura przed wyjazdem tam, ten ostatni sprzeciwia się mu i wyjeżdża mimo ryzyka, na jakie się naraża.

Baldabiou to oryginalna postać o silnej osobowości. Miłośnik bilardu, spędza czas grając w niego samotnie, przeciwko sobie, na zapleczu kawiarni. Zachowuje się tak, jakby było dwóch graczy, jeden dobry ("normalny człowiek") i jeden zły ("jednoręki gracz"). Mówi, że w dniu, w którym "jednoręki gracz" wygra mecz, opuści miasto (s. 53). To będzie rzecz, która zadecyduje o jego wyjeździe, po latach mieszkania w Lavilledieu: kiedy "16 czerwca 1871 roku, na zapleczu kawiarni Verdun, przed południem, jednoręki gracz oddał irracjonalny strzał z remisu na cztery poduszki" (s. 137), Baldabiou opuszcza miasto.

MŁODA DZIEWCZYNA

Młoda dziewczyna, którą Hervé Joncour spotyka w Japonii, jest owiana tajemnicą. Gdy tylko ją widzi, zauważa, że "te oczy nie miały orientalnego kształtu" (s. 30). Kiedy jednak rozmawia o niej z napotkanym Anglikiem, ten mówi mu, że w Japonii nie ma białych kobiet (s. 44). Podobnie młoda dziewczyna rozmawia z nim po francusku, podczas gdy Hara Kei minutę później stwierdza, że nie zna tego języka.

Można przypuszczać, że jest ona żoną lub córką Hara Kei, ale nic nie jest powiedziane wprost. W każdym razie chroni ją i nie wydaje się, by chciał się nią dzielić: to właśnie z powodu wymiany wiadomości o miłości Hara Kei nakazuje Hervé Joncourowi, by nie wracał.

HARA KEI

Hara Kei jest potężnym człowiekiem. Wydaje się mieć wielką prezencję i kontroluje wszystkie przyjazdy obcych do jego wioski: kiedy Hervé Joncour po raz pierwszy przyjeżdża do regionu, aby kupić jajka, na początku dostaje tylko fałszywe jajka; dopiero po spotkaniu z Hara Kei może otrzymać prawdziwy towar. Mówi się o nim, że "Jakby na mocy specjalnej reguły, gdziekolwiek ten człowiek się udał, szedł w bezwarunkowej i doskonałej samotności" (s. 46).

ANALIZA

UPADEK HODOWLI JEDWABNIKÓW WE FRANCJI

Baricco umieszcza swoją narrację w kontekście handlu jedwabnikami w 1861 roku. Lavilledieu było wówczas głównym ośrodkiem serowarstwa (hodowli jedwabników, czyli gąsienic motyla *Bombyx mori*; z ich kokonów powstaje jedwab). Rzemiosło to było znacząco obecne we Francji do 1860 roku. Następnie, w wyniku rozwoju epidemii, które zdziesiątkowały populację jedwabników, produkcja kokonów została ograniczona prawie wyłącznie do Azji.

Ponieważ autor odwołuje się do rzeczywistego kontekstu gospodarczego i historycznego, *Jedwabne* można w pewnym sensie uznać za powieść historyczną. Główną cechą tego gatunku jest to, że bierze on za tło prawdziwe wydarzenia i łączy je z fikcyjnymi wydarzeniami i postaciami. Tutaj bohaterowie są prosto z wyobraźni pisarza.

SZTUKA KOPIOWANIA I WKLEJANIA

Tekst Alessandro Baricco jest zaśmiecony identycznymi fragmentami, które nadają rytm narracji:

- Na przykład kontekst historyczny opisany jest dokładnie tak samo, niemal do słowa, dwukrotnie: "Był rok 1861. Flaubert pisał/kończył Salammbô, światło elektryczne było jeszcze hipotezą, a Abraham Lincoln, po drugiej stronie oceanu, toczył wojnę, której końca nie doczeka" (s. 1 i 23).

- Podobnie każda podróż w kierunku Japonii jest opowiadana w podobny sposób, niemal słowo w słowo (rozdziały 12, 19, 31 i 34).

- Również pierwsze trzy powroty z Japonii są opowiadane niemal identycznie (rozdziały 17, 24 i 38).

- Wreszcie za każdym razem, gdy Hervé Joncour widzi młodą dziewczynę, pojawia się to samo zdanie: "Jej oczy nie miały orientalnego kształtu, a jej twarz była twarzą dziewczyny" (s. 30, 40 i 69).

Fragmenty te stanowią punkty odniesienia dla czytelnika i pozwalają autorowi szybko przejść nad podróżami, by skupić się na kilku dniach, konkretnym momencie czy nawet wymienianych spojrzeniach.

PISANIE, W KTÓRYM FORMA JEST POWIĄZANA Z TREŚCIĄ

Swoim prostym, lekkim i poetyckim pismem Jedwab zdaje się naśladować delikatną wytworność japońskiej kaligrafii: "Baldabiou mówił, że przyjeżdżali z Paryża, czasem, by kochać się z Madame Blanche. Wracając do stolicy, pokazywali na klapie swojej wieczorowej marynarki małe niebieskie kwiatki, takie, jakie ona zawsze nosiła na palcach, jakby to były pierścionki" (s. 59). Ta kaligrafia sama w sobie jest centralna dla powieści, ponieważ jest zakodowanym językiem wiadomości o miłości od młodej dziewczyny i długiego listu miłosnego napisanego przez Hélène.

Łagodność tej krótkiej narracji można również porównać do łagodności jedwabiu, materiału, który jest również centralnym elementem dzieła, a dokładniej początkowych poszukiwań Hervé Joncoura. W związku z tym, dzięki stylowi pisania, forma i treść pozostają w idealnej harmonii.

"SPEKTAKL. LEKKI I NIEWYTŁUMACZALNY"

Wyrażenie użyte przez Baricco do opisania sposobu, w jaki Hervé Joncour postrzega swoje własne życie (zob. ostatnie słowa powieści, s. 148: "niewytłumaczalny spektakl, światło, które było jego życiem"), można również zastosować do powieści jako całości. Podobnie jak poezja (niektóre bardzo krótkie rozdziały również przypominają wiersze, np. rozdziały 29 i 48), narracja jedynie dotyka uczuć lub wydarzeń opuszkami palców, nie wypowiadając ich naprawdę ani nie dając wyjaśnienia. Na przykład obsesyjna miłość Hervé Joncoura do młodej dziewczyny jest nieprzenikniona, a miłość Hélène do męża, poza listem, pojawia się bardziej w rozproszonej łagodności niż w konkretnych słowach czy czynach. W ten sposób autor pozostawia duże pole do popisu dla wyobraźni czytelnika.

DALSZA REFLEKSJA

KILKA PYTAŃ DO PRZEMYŚLENIA...

- Jak w jednym zdaniu podsumowałbyś przesłanie tej książki?

- Opisz ewolucję psychologiczną Hervé Joncoura.

- Gdybyś miał zrobić z tej powieści film, jakiej muzyki użyłbyś do jego ścieżki dźwiękowej?

- Można powiedzieć, że powieść, podobnie jak życie jej bohatera, jest "Spektaklem. Lekkim i niewytłumaczalnym". Wyjaśnij, dlaczego.

- Czy można uznać, że Hervé Joncour był niewierny swojej żonie Hélène? Uzasadnij swój punkt widzenia.

- Młoda dziewczyna, którą Hervé Joncour spotyka w Japonii, jest nieco tajemnicza. Co tak naprawdę wie o niej bohater? Opisz ich relację.

- Czy uważasz, że Hervé Joncour naprawdę się zakochał? W kim lub w czym?

- Jak można by scharakteryzować przyjaźń między bohaterem a Baldabiou?

- Tekst Baricco zawiera kilka fragmentów, które są niemal identyczne słowo w słowo. Jak myślisz, dlaczego autor tak postąpił?

- Jakie są główne wątki, które są rozwijane w tej powieści?

DALSZE CZYTANIE

WYDANIE REFERENCYJNE

Baricco, A. (2006) *Jedwabne*. Trans. Goldstein, A. Edinburgh: Canongate.

ADAPTACJE

Jedwab (2009) [Film]. François Girard. Dir. Kanada/Wielka Brytania/Japonia: New Line Cinema.

Chcemy usłyszeć od Ciebie, co się dzieje!
Zostaw komentarz na temat swojej internetowej biblioteki
i podziel się swoimi ulubionymi książkami w mediach społecznościowych!

www.50minutes.com

Master ISBN: 9782808695268
Papierowy ISBN: 9782808616669
Depozyt prawny: D/2023/12603/1946

Verhaal: © Primento

Projekt cyfrowy: Primento, cyfrowy partner wydawców.